AF360982

VENTE

DE

TABLEAUX ET AQUARELLES

MODERNES & ANCIENS

BARILLOT, BOLARD, BERTHELON, E. CLERE, COTE
FAUVELET, FORAIN, LAPOSTOLET, D. ROZIER, IGUEL, VIELLE, MORAL

SEPT ŒUVRES PAR DEFAUX

TABLEAUX ANCIENS DE DIFFÉRENTES ÉCOLES

Quatre Toiles décoratives attribuées à l'ALBANE

Peintures et divers Objets relatifs à Napoléon I

GRAVURES ENCADRÉES

Objets divers, Bronzes, Sculptures. Bijoux

LIVRES, MUSIQUE

HOTEL DROUOT, SALLE N° 9

Le Mercredi 15 Mai 1901. à 2 heures

M° F. LECOCQ	M. B. LASQUIN
COMMISSAIRE-PRISEUR	EXPERT
41, rue Richer. 41	12. rue Laffitte

Chez lesquels se trouve le présent Catalogue

EXPOSITION PUBLIQUE

LE MARDI 14 MAI 1901

de 1 heure 1/2 à 5 heures 1/2

PARIS — 1901

IMPRIMERIE MAULDE et RENOU
—

MAULDE, DOUMENC & Cie
IMPRIMEURS DE LA COMPAGNIE DES COMMISSAIRES-PRISEURS
Rue de Rivoli, 144

VENTE

DE

TABLEAUX ET AQUARELLES

MODERNES & ANCIENS

BARILLOT, BOLARD, BERTHELON, E. CICÉRI, COTTIN
FAUVELET, FORAIN, LAPOSTOLET, D. ROZIER. RUBÉ, VIBERT, WORMS

SEPT ŒUVRES PAR DEFAUX

TABLEAUX ANCIENS DE DIFFÉRENTES ÉCOLES

Quatre Toiles décoratives attribuées à l'ALBANE

Peintures et divers Objets relatifs à Napoléon I

GRAVURES ENCADRÉES

Objets divers, Bronzes, Sculptures. Bijoux

LIVRES, MUSIQUE

HOTEL DROUOT, SALLE N° 9

Le Mercredi 15 Mai 1901, à 2 heures

M⁁ F. LECOCQ	M. B. LASQUIN
COMMISSAIRE-PRISEUR	EXPERT
41, rue Richer, 41	12, rue Laffitte

Chez lesquele se trouve le présent Catalogue

— ❦ —

EXPOSITION PUBLIQUE

LE MARDI 14 MAI 1901

de 1 heure 1/2 à 5 heures 1/2

PARIS — 1901

CONDITIONS DE LA VENTE

—

Elle aura lieu **au comptant**.

Les Acquéreurs paieront **dix pour cent** en plus du prix d'adjudication.

Il ne sera admis **aucune réclamation** une fois l'adjudication prononcée.

MAULDE, DOUMENC et Cⁱᵉ, imprimeurs de la Cⁱᵉ des Commissaires-Priseurs
rue de Rivoli, 144   ꜰᴏᴄ—96040

Désignation

TABLEAUX MODERNES ET AQUARELLES

BARILLOT

1 — Vaches à l'abreuvoir au bord d'une rivière ; matinée de printemps à Villiers-sur-Morin.

2 — Paysage. Crépuscule (Haute-Marne).

BERTHELON (Eug.)

3 — La Mare aux Canes ; forêt de Saint-Germain.

BOLARD

4 — Intérieur de Forge.

5 — L'Eglise de Montigny.

CICÉRI

6 — Vue de Montigny-sur-Loing.
Aquarelle.

7 — Lac dans la Montagne.
Aquarelle.

8 — Intérieur de village.
Aquarelle.

CICÉRI

9 — Paysage avec rivière.
>> Aquarelle.

10 — Vue de ville.
>> Aquarelle.

COTTIN

11 — Le Poulailler.

DEFAUX

12 — Cour de ferme.
>> Nombreux volatiles, coqs et poules.
>> Importante composition.

13 — Rocher ; forêt de Fontainebleau.

14 — Maison de village avec escalier de pierre, coq et poules.

15 — Pêches et Pot de crême.

16 — Moutons et Poules.

17 — La Mare aux Canards.

18 — L'Inondation à Montigny-sur-Loing.

DESPORTES (1883)
(Peintre sans bras)

19 — Vue de Bougival.

FAUVELET

20 — Les deux Amies.
>> Signé à droite.

FORAIN

21 — « Cette famille est insatiable. »
Dessin.

22 — Le petit Lever.
Dessin.

23 — Jeune Femme mettant ses bas.
Dessin.

24 — Les Indiscrets.
Dessin.

FOUBERT (E.)

25 — Bords de la Seine, à Vatheuil.

LAPOSTOLET

26 — Environs de Rouen.

MARNI

27 — Vue de Normandie.
Aquarelle.

ROZIER (D.)

28 — La Récolte des Pois.

29 — Fruits sur une table.

RUBE

30 — Paysage ; bord d'étang.

VIBERT

31 — Le Cigare.
Dessin à l'encre de Chine.

VOILLEMOT (D'après)

32 — La Cigale.

WORMS

33 — Une Levrette.

> Petite peinture.

YON (Edmond)

34 — Sur l'Étang.

> Salon de 1887.

35 — La Prairie.

TABLEAUX ANCIENS

ALBANE (École de)

37 — Quatre Compositions allégoriques à figures my-
thologiques au milieu d'amours dans des paysages :
Flore, — Junon, — Amphitrite, — Jupiter et Vul-
cain.

> Toiles peintes, sujets de forme ronde, pouvant être
> employées comme plafonds.

BRAUWER (Genre de)

38 — Buveur.

B. F. (Signé)
(École Hollandaise)

39 — Les Roses, Tulipes, Œillets dans un vase de
cristal.

HÉEM (Attribué à de)

40 — Perroquet et Corbeille de fruits.

PANFILO

41 — Deux Têtes de saintes, en pendants.

PRUD'HON (Genre de)

42 — L'Amour et Psyché, effet de lumière.
Petite peinture.

H. ROBERT (Genre de)

43 — Colonnade avec figures.
Aquarelle.

WATTEAU DE LILLE (Attribué

44 — Fête de village.
Petite peinture.

WATTEAU (Genre de)

45 — Le Guitariste.
Peinture sur panneau.

ÉCOLE FRANÇAISE

46 — Jardin des Tuileries (ou de Versailles)
Petite peinture.

ÉCOLE FRANÇAISE

47 — Bouquet de fleurs.

ÉCOLE FLAMANDE

48 — Petit portrait d'Anne de Bollen.

> Peinture.

ÉCOLE FLAMANDE

49 — Intérieur de forge.

ÉCOLE HOLLANDAISE

5o — Nature morte, Poissons, Légumes.

ÉCOLE ITALIENNE

51 — Le Sacrifice d'Abraham.

> Peinture.

52 — Descente de Croix.

> Peinture.

53 — L'Assomption de la Vierge.

> Peinture sur cuivre.
> Cadre ancien sculpté.

54 — La Vierge, Jésus et saint Jean.

> Peinture sur cuivre.

55 — Trumeau de Glace Louis XVI, avec peinture.
Scène pastorale.

GRAVURES

56 — Deux gravures d'après PH. VAN DYCK et VAN DER WERF : Agar et le Premier Crime.

57 — Les Trois Grâces, d'après RAPHAEL, par FORSTER.

58 — L'Enlèvement de Déjanire et l'Éducation d'Achille, d'après GUIDO RENI.

59 — Trois pièces sous verre, architecture.

60 — Le Serment de Coriolan, gravure d'Alix, d'après POTAIN.

61 — Suite de six gravures, scènes flamandes, d'après TENIERS.

62 — L'Enfant chéri et le Bonheur du Ménage, deux gravures de DELAUNAY, d'après LE PRINCE.

63 — Deux Eaux fortes, d'après C. DUSART, scènes villageoises.

65 — Quatre lithographies, dans le même cadre par EUG. CICÉRI.

65 — 9 gravures diverses encadrées.

TABLEAUX ET OBJETS

Relatifs à Napoléon Ier

66 — Napoléon sur son lit de mort, peinture à l'huile portant l'inscription suivante : « D'après l'original de ADAMITSH, pris sur son lit de mort, apporté de Sainte-Hélène par le général Bertrand. »

67 — Napoléon sur le rocher de Ste-Hélène, peinture de PEELEN, 1829.

68 — Napoléon debout de profil, dirigeant une bataille, peinture.

69 — Glorification de Napoléon Ier, curieuse peinture, offrant le médaillon de Napoléon soutenu par l'Aigle et deux anges dans les airs, au-dessous, Minerve, les Muses et figures d'enfants allégoriques des Arts.

70 — Le Retour de l'Ile d'Elbe, à bord de l'*Inconstant*. dessin à la plume et à la sépia.

71 — Portrait d'un Invalide de l'époque de Napoléon Ier, peinture.

72 — Cuirassier retenant son cheval, peinture d'après GÉRICAULT.

73 — Lithohraphie de LEOLER : « Avant, Pendant, Après ».

74 — Epingle de cravate en or avec miniature, portrait de Napoléon.

75 — Miniature ronde sur ivoire, portrait de Napoléon, en buste, en costume de chasseur à cheval.

BIJOUX

76 — Collier en cailloux du Rhin, avec émaux, monture argent.

77 — Paire de boucles de souliers en cailloux du Rhin, monture argent.

78 — Pendantif de cou avec trois poires en cailloux du Rhin, monture argent.

69 — Paire de boucles d'oreilles en cailloux du Rhin, monture en argent.

OBJETS VARIÉS

80 — Miniature à l'huile : Portrait de l'époque Louis XIV, cadre en bois noir.

81 — Deux jetons en bois sculpté : François Ier et Philippe III (encadrés).

82 — Vénus de Milo, bronze.

83 — Buste de femme en biscuit : La Nuit.

84 — Statuette de jeune femme en biscuit.

85 — Deux terres cuites de COLAS : l'Eté et l'Hiver. — Bustes.

86 — Statuette en plâtre par HIROU LE MESSAGE.

87 — Deux chapiteaux coniques en marbre.

88 — Eléphant en bronze.

89 — Figurine d'HIPPOMÈNE en bronze.

90 — Paire de bougeoirs Louis XIII en cuivre.

91 — Figurine en plomb pièce de fouille.

92 — Deux coquillages.

93 — Plaquette en étain.

94 — Deux plaques de cheminées en fonte.

95 — Panoplie composée de cinq pistolets, un sabre japonais, un sabre de garde Nationale, deux épées une baïonnette.

96 — Carabine Remmington.

97 — Buste de Sénèque, bronze ancien sur socle en marbre.

98 — Petit buste de Paul Ier, Empereur de Russie, en bronze doré sur socle en malachite.

96 — Deux médaillons en marbre blanc, têtes d'homme et de femme de profil.

100 — Troi smédaillons en bronze de DAVID d'ANGERS — GEORGE CANING — MARC JUMBART BRUNEL et tête d'homme.

101 — 2 vases en grès.

102 — 2 vases en verre.

103 — Statuette plâtre par E. HIROU LE MESSAGE, avec dédicace de l'auteur.

104 — 2 cadres italiens.

105 — Lot de Statuettes et modèles en plâtre (11 pièces).

LIVRES

106 — Environ 200 volumes : Moniteur des Architectes, La Semaine du Constructeur, Livres d'architecture, Art du Moyen-Age, par PAUL LACROIX, l'Architecture pittoresque au XIXᵉ siècle, Architecture pittoresque de la Suisse, 48 planches, Décoration arabe, 110 planches, Matériaux d'architecture, 372 planches, Dictionnaire d'architecture de Bosc, Dictionnaires divers, Atlas, Voltaire, J.-J. Rousseau, Molière, Buffon, Mémorial de Sainte-Hélène. — Livres divers.

MUSIQUE

107 — Quantité de partitions, opéras, classiques, morceaux détachés, etc.

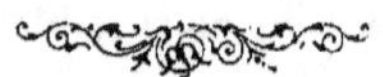